샤롯데모텔에서 달과 자고 싶다

2025

샤롯데모텔에서 달과 자고 싶다

김재석 시집

사이재

시인의 말
　-헨리 데이빗 소로우에게

　소만과 망종 사이 찔레꽃이 흐드러진 때, 저는 반 년의 휴직 생활을 마치고 직장으로 돌아갑니다. 제가 처음 당신을 만난 것은 대학 시절 『월든』과 『시민의 불복종』을 통해서였습니다. 십육 년이라는 세월을 당신을 잊고 살다가 제 삶이 무너질 것 같던 어느 날, 저를 지탱해 줄 분이 당신이라는 것을 깨달았습니다. 그래서 수소문 끝에 당신을 다시 만난 것입니다.

　당신이 44년의 짧은 생애 가운데 두 해를 월든 호숫가 손수 지은 단칸짜리 오두막집에서 자연의 일부가 되어 살았던 것에 비하면, 저의 반년의 삶은 실은 아무것도 아닌 셈입니다. 월든 호숫가의 삶은 당신 스스로 택한 길이었고, 저의 삶은 궤도를 이탈한 사고에서 어쩔 수 없이 택한 길이었으니까요.

　제가 살고 있는 이곳에는 입암산이라는 산자락에 향토문화관이 있고, 바닷가에는 해양박물관이 있어 사람들의 발길이 넘칩니다. 밤중이면 짐승의 울음소리, 겨울이면 호수의 얼음 깨지는 소리 들리는 당신이 살았던 월든 호숫가와 비교할 수는 없는 곳입니다. 그렇지만 당신이 자연과 하나 되었듯이 큰개불알풀과 제비꽃이 다투는 소리도, 갯벌에 붙박인 멍텅구리 배의 푸념도 묵은 갈대가 어린 갈대에게 삶의 지혜를 가르치는 것도 들을 수 있었습니다.

　소만과 망종 사이 찔레꽃이 흐드러진 때 저는 직장으로 돌아갑니다. 많은 것을 한꺼번에 잃은 궤도를 이탈한 직후의 그 처절했던 고독을 잊기 위하여 저의 사연을 적어 보았습니다.

모든 것을 다 잊더라도 제 삶을 지탱해 준 당신의 은혜는 잊지 못할 것입니다.

　육 년 전에 쓴 편지를 이제야 부친다.

2003. 1
김재석

시인의 말(개정판)

22년 전 세상에 얼굴 내민
애지중지해야 할 시집을
오랜 세월 방치하여
사장(死藏)된 데 대하여 죄책감을 느낀다

이제라도
이 시집에게
원망을 사지 않도록 신경을 써야겠다

2025년 봄
일속산방一粟山房에서
작시치作詩痴 김재석

차례

샤롯데호텔에서 달과 자고 싶다

시인의 말

1부

바다와 江 13
향일암 해돋이 14
나이테 16
갈대는 제 몸뚱일 흔들어 18
미루나무 빈집에 세든 바람이 20
샤롯데모텔에서 달과 자고 싶다 22
달의 不倫 24
벌레 26
탓 28
고리끼의 『어머니』 29
옻나무 30
밥상 32
사발통문 34
그릇 35
단풍 36

2부

선운사 동백꽃들의 話頭 39
돌들의 寺院 40
청보리 43
三星寺 44
寺下村의 봄 46
보림사 산감나무 48
白蓮池에서 50
가시연꽃이 고개 들기를 기다린다 52
白蓮池 54
般若心經이 나를 가지고 노네 55
金剛經이 나를 거들떠보지도 않네 56
觀音殿 冬柏의 눈빛 傳言 58
華嚴經이 나를 못 살게 하네 60

3부

멍텅구리배 63
시계들의 靈魂 66
비밀의 정원 68
不惑 70
곧은 곡선 하나가 72
무지개 73
鎭魂曲 74

仙亭 75
꽃상여 76
밤하늘에 기대어 78
그 나라가 임하실 때에 80
그랜드 캐넌에 대한 斷想 82

4부

봄, 들판에서 85
봄 86
봄산이 88
봄비 89
큰개불알풀 90
못 말려 91
봄날의 딜레마 92
배꽃 94
섬 96
小滿 99
묵은 갈대 100
내리는 눈발 밖에서 102
겨울 강가에서 104

5부

平沙里 107
霽月堂에서 108
東菴에서 110
文山齋 가는 길 112
高阜에서 114
初夏 116
가계부 118
어머니 120
황금잎 122
大王墓謁見記 124
受難記 128

해설
시 혹은 '눈물겹도록 곧은 곡선' 고인환 131

1부

바다와 江

바다는
쇠죽 쑤는
외양간

세상의
모든 江은
불쏘시개

향일암 해돋이

세존도 너머
진흙소 낳으려
아랫도리에 힘을 주는
바다

몸을 둥글게 오므려
쇠뿔과 꼬리,
다리를 숨기는
진흙소

산고의 바다
밤잠을 설치며
진흙소를 기다리는
관음전 동백꽃들

물방울 하나
묻히지 않고
자궁을 벗어나는
진흙소

날개 없는 진흙소

벌떡 일어나
허공에 몸을 띄우니
합장하는 보리암

진흙소 낳느라
진이 빠진 바다
기운을 북돋아 주는
관음보살

나이테

바다가 되려면
한참 멀었나 보다

하늘밭을 일구는
진흙소 한 마리
낯을 엄두 못 내는 걸 보면

뻐꾸기 울음에
찔레꽃 잠이 깨고
논물에 물방개가 촉수를 곤두세우는
섬 하나 갖지 못한 걸 보면

江이 되는 것조차
아직 멀었나 보다

해오라기 외발로 꿈꾸는 모래 언덕에
까치가 세도를 부리는
미루나무 한 그루 없는 걸 보면

누구에게 길 물어보지 않고
강물을 오르내리는 은피라미 떼

눈을 씻고 들여다보아도
보이지 않는 걸 보면

갈대는 제 몸뚱일 흔들어

갈대는 제 몸뚱일 흔들어
바람을 만들데

海東靑 보라매보다 더 날렵하게
흰 대님 같은 냇갈 솟아오르는 마을로 가서
안방과 사랑방을 구시렁거리며 들랑거리다가
살구나무 가슴팍을 어루만지다가……

뒷산 뻐꾸기가 질투하듯 울음을 토해 내니
다 내팽개치고 울타리 넘어
뒤도 안 돌아보고 달려가
무슨 짓 하는지 한참을 소식이 없데

저것 봐! 언제 돌아왔는지
해와 달, 별빛과 어울려 蓮잎에 고여 넘치더니
진흙탕에 뒹굴더니
연꽃 한 송이 피워 내는 거

감잎 하나 우물에 띄우고 숨죽이더니
그새를 못 참고
번갯불 부싯돌 삼아

밑동이 썩은 古木 꽃불 이는 거

가슴 아픈 듯, 제 몸뚱이로 돌아가
흐느끼는 거

미루나무 빈집에 세든 바람이

뒷산
까치가 세놓은
미루나무 빈집에 사는 바람이
어디 갔다 오기에
눈인사를 보냈더니
그냥 서둘러 지나가더라

다음 날도
그 다음 날도 어김없이
서둘러 돌아오기에
어디 갔다 오냐 물었더니
못 들은 척 딴전 피우며
적당히 얼버무리더라

무슨 재미를 보러 다니는지
하루는 너무 궁금해
큰맘 먹고 뒤따라가는데
아예 따라갈 엄두를 못 내도록
자꾸만 자꾸만 뒤를 돌아보다가
어느 틈에 따돌리더라

이때다 싶어 서둘러 돌아와
바람이 어디를 다니느냐
맘 약한 미루나무를 구슬렸더니
혼자만 알고 있으라며
白蓮池에 연꽃과 열애 중이라고
귓속말로 전해 주더라

샤롯데모텔에서 달과 자고 싶다

밤하늘을 배회하는
저 달을 유혹해
샤롯데모텔로 데리고 가고 싶다
미찌꼬 런던 모자를 푹 눌러쓰고
내가 카운터에 계산하는 동안
달보다는 먼저 가
엘리베이터 앞에 기다리게 하겠다
베르테르의 슬픈 사연을 간직한
샤롯데모텔, 객실에서 나는
달을 침대에 눕히고
달의 비밀을 벗기겠다
내가 달과 함께 하는 동안
달이 실종되었다고
세상이 야단법석일 것이다
달의 비밀을 파헤친 후
달과 팔짱을 끼고
모텔을 나갈 생각인데,
달을 감시하는
저 놈의 별들을 어떻게 따돌리지
나를 몸살 나게 하는
저 달의 마음을 사

샤롯데모텔에서 자고 싶다,
별들에게 몰매 맞을지라도

달의 不倫

누가
모를 줄 알고

검은 장막이 침대이고
윽박지르는 천둥, 번개가
呻吟인 것을

우리의 가슴을
적셔 주는 비가
오르가슴인 것을

아무 일 없는 듯,
하늘방을 별들로 도배하고
얼굴 내밀며
시치미 떼는 것을

물론,
不倫의 경험이 있는 자들도
세상이 한 번도 써먹지 않은
그 奇異한 알리바이에 넘어가기 마련이지

누가
모를 줄 알고,
그런다고

벌레

1

달빛에
잠을 설쳤나

이불을
걷어 찬
宇宙

곤히
잠들어 있다

2

꿈자리가
사나운지

나뭇잎
침대에서

宇宙가

바스락거린다

3

귀를
곤두세운

햇살의
응시

宇宙의
눈이 부시다

탓

김지하와
황지우를 보라

한 동네에
태어나서

한 길을
걸어왔다

다만 다른 솥의
밥을 먹었다

한 사람은
등신불

한 사람은
달마

솥 탓인가,
체질 탓인가

고리끼의 『어머니』

어머니의 젖을
미당도 빨고
남주 형도 빨고
나도 빨았네

미당은
언어의 政府 아닌
貞婦이자 情婦가 되어 생을 마감하였네

젖을 힘차게 빤
남주 형은
혁명 전사로 생을 마감하였네

나는
무얼로 생을 마감할까

옻나무

마을 뒷산
파르티잔인 옻나무를 보면
횟배 앓는 유년의
문구 형과 문열이 형이
생각난다

옻나무를 껴안고
일생을 살아온 문구 형은
금년 진달래꽃이 피기도 전에
아버님과 형님들 만나러
서둘러 이승을 떠났다

옻나무와 아예 등을 돌리고
마을을 떠난 문열이 형은
언젠가 아버지를 만나게 해달라고
김정일 국방위원장에게
공개서한을 보낸 적이 있다

마을 뒷산
파르티잔인 옻나무를 보면
고개 숙인 젊은 날의

문구 형과 문열이 형이
떠오른다

밥상

1

힘센 놈들
젓가락 장단에
온몸에 피멍 든
밥상인 한국이여!

2

도시 여인과 시골 아낙네의 우정을 그린
MBC 미니 시리즈 '두 여자'
술집 작부의 딸로 태어나
또다시 애비 없는 자식을 낳은 김혜자,
조강지처를 두들겨 패고
밥상을 엎는 전형적인 건달을
아버지로 둔 시골 촌부 반효정.

왜 한국의 아버지들 중에는
죄 없는 밥상을 엎으신 분들이 계셨을까?

가엾어라

가엾어라

숫다리인
한국의 밥상이여!

사발통문
-高阜에서

봉준이 닮아
포부가 큰 산언덕,
미루나무에 진지를 구축한 까치가
전령인 듯 까작까작
신호를 보내는 고부
봉준이네 집 근처
사발통문을 돌리던 코딱지나물이
잠시 몸을 움츠린다
탱자울 밑 겁 없는 큰개불알풀이
사발통문을 받아들고
윗녘, 아랫녘으로
쪽빛 꽃수레를 몬다
달래, 냉이, 씀바귀가
차례차례 다시 받아 돌리다가
눈이 마주친 내게
사발통문을 내민다,
불쑥

* 사발통문(沙鉢通文): 주모자가 누구임을 나타내지 않기 위하여, 관계자의 성명을 사발 모양으로 둥글게 뺑 돌려 적은 통문

그릇

여자들은
그릇을
두 개
지니고 다니네

남편을 위하여
자식을 위하여
그때그때
그릇을 사용하네

남자들은
지니고 다닐
그릇이
하나도 없네

그래서
어려서는 어머니에게
어른이 돼서는 아내에게
신세를 지네

단풍

저걸
누가 말려

멱살을
잡고, 흔든다 해서
겁먹을 것 같애

발목을
몇 차례 걷어찬다 해서
포기할 것 같애

그냥
하고 싶은 대로
놓아둘 수밖에

목숨을
거둬 가기 전에
누가 말려,
저걸

2부

선운사 동백꽃들의 話頭

믿을 놈 하나 없다.

이승도,
저승도

어디로
갈 것인가?

돌들의 寺院
― 正道里에서

불혹의 나이테를 이루도록
정도리를 정돌이로 알고 살아온 나,
먼저 다녀온 벗이 화두로
돌의 빗장을 열고 동안거를 지내라고
나에게 준 조약돌이 목어처럼 울며
머리맡에서 나를 조르며 투정하기에
못 이긴 척 돌들의 寺院 정도리에 왔다
득도한 선승이 죽비를 후려치듯
파도가 수도하는 돌들의 등을 때리는
뜻밖의 풍경에 넋을 잃고 있는 사이,
주머니 속 초조하게 기다리고 있던 조약돌이
낯익은 소리에 흥분을 감추지 못한다
방생하듯 돌밭에 조약돌을 놓아주었을 때
빗장을 단단히 걸어 잠그고
정진하던 돌들마저 잠시 호들갑을 떤다
수평선도 환호성을 지르며 달려와
큰스님 닮은 아름드리 돌의 발등을 지나
동자승 닮은 조약돌의 뺨에 얼굴을 비비고
물먹은 조약돌은 이제야 갈증이 풀린 듯
낯바닥에 윤기는 돌지만
아직은 안심하지 못하겠다는 표정이다

형형색색의 돌들은 돌아온 조약돌을 반기면서도
내심으로는 내게 무슨 꿍꿍이속이 있지 않나
경계를 늦추지 않는다
조약돌뿐만 아니라 몽돌이 실종되는 가운데
조약돌을 순순히 돌려보내 주는 것은
이 寺院에서 한 번도 들어본 일이 없기 때문이라고
마음 상하지 말라고 잿빛 가사를 걸친
사미승 닮은 몽돌이 눈빛으로 전한다
돌들이 내 마음을 다 헤아릴 수 없듯
한눈파는 몇을 제외하고는 거의 다 묵언 중인
돌들의 마음을 나 역시 다 헤아릴 수 없다
이제까지 둥근 것들은 굴러다니다가
서로 부딪혀 턱이 깨지리라 생각하고
모난 것들은 정 맞는 일이 있다 할지라도
대다수가 오체투지로 엎드려 있거나
가부좌 틀고 사색에 잠겨 있는 모습에 반하여
나의 삶도 그와 같이 되기를 바랐었다
누구는 둥근 것은 송곳 같은 마음들이
모조리 중심을 향한 것이라지만
저 구계등의 몽돌들은 죽비 같은 파도에
이마나 턱이 깨어지기는커녕 범종 같은 울음으로

다도해의 작은 섬들과 선문답을 나누고 있다
나의 발등을 적시며 나뒹구는 이 파도도
가까운 바다 가운데 저 각시여가
내게 보낸 심경인지도 모른다
내가 방생하듯 놓아준 조약돌은
다른 돌들 틈에 어느새 섞이어
나의 시야에서 쥐 죽은 듯이 사라져 버렸다
조약돌의 빗장을 열고
동안거를 지내라던 벗의 말이 나의 폐부를 찌른다
오히려 조약돌이 나의 빗장을 열고 들어와
선방의 문을 잠그고 열어 주지 않는 기분이다
내가 발붙이고 있는 이 세상은
누군가가 어루만지는 우주의 조약돌
그 빗장을 열고 들어가면
요동치는 팔만대장경의 바다
그 흉흉한 바다에 과연 정도란 무엇일까
생각에 잠겨 있을 때 파도는
돌들의 寺院을 합장하고 물러나면서
나도 물러나라 하얀 손수건을 흔든다

* 각시여: 물이 들면 물속에 잠기는 바위

청보리

삼동에
출가

동자승
거쳐

몸도
마음도

평심한
사미승

이제
다 비워

하안거
전에

큰스님
되리

三星寺
-별들의 寺院

105동 301호
三星寺 중앙 난방 선방에
또아리 튼 지 어언 삼 년,
별들의 寺院에 나를 만나러
순례자가 올 때가 되었건만
아무 소식이 없다
안방은 頓悟門,
작은방은 如如門,
베란다는 萬景樓, 나를 깨우는
현관문 작은 구멍에 우유와
신문 쑤셔 넣는 소리는
道場釋, 화장실은 解憂所라
三星寺 선방에 또아리 틀기까지
늦은 나이에 대처승 되어
住公寺 선방에서
연탄불과 씨름하기 삼 년
新安寺 개인 난방 선방에서
태양이 묘지 아래로
잠자러 가는 것 구경하며
마음 비우기 칠 년
십삼 년 공부 도로아미타불,

마냥 기다려도 순례자는커녕
거렁뱅이도 오지 않으니
成佛하긴 틀렸나 보다
걸망 한번 걸머져 보지 않고
般若心經 몇 구절로
겉멋만 부리다니
시늉만 내다니

寺下村의 봄

동안거를
일찍 끝낸 산골물들이
법문을 도란도란 시작하니
버들개비가 고개를 끄떡이고
매화와 산수유가 눈을 비비며
귀를 기울인다

산골물들이
법문에 자신이 붙었는지
졸졸, 제법 큰소리를 내니
겨우내 몸을 잔뜩 낮춘 들판의
큰개불알풀들이, 코딱지나물들이
고개를 쳐든다

마을의 가는귀먹은 살구나무와
나이 먹은 감나무는
맹숭맹숭 주위를 살피다
벌써 그렇게 됐나 하면서도
좀 더 두고 보겠다는 듯
눈을 지그시 감고 법문을 듣는다

꽃샘바람이 해코지를 해도
산골물들은 잠시 몸을 움츠릴 뿐
밤이면 달빛, 별빛을 가슴에 품고
법문을 그치지 않으니
잠시라도 놓칠세라
온 마을이 귀를 기울인다

보림사 산감나무

바람에 제 몸을
가누기도 어려운
어린 시절,
출가하였다

애기나무 때부터
큰나무들
법문에
귀 기울였다

몇 년 안 가서
대웅보전
본존불에게
화두 받았다

적막을
두려워하지 않는 것은
비로자나불
부처님께 배웠다

화두를

깨우치느라
힘이 빠져서인지,
작은 열매 달고 있다

白蓮池에서

저 떼거리로
모여 있는 蓮들처럼
가부좌 틀고
한세월 버티다 보면,
나도 한 송이 꽃을 피울 수 있을까

어림도 없지
연잎은 그 커다란 손으로
아예 아무것도 붙들지 않는데,
내 작은 손 하나
속 시원히 비우지 못하면서

떼거리로
모여 있는 저 蓮들은
벌거벗고 진종일 비를 맞아도
하나도 젖지 않는데,
내 몸 하나 가리지 못하는 주제에

진창에 가부좌 틀고
묵언, 삼년을 기다린다 해도
꽃은커녕 싹도 나지 않는

똥막대기 꽂아 놓은 격이겠지,
나는

가시연꽃이 고개 들기를 기다린다

누구인가
내 삶을 가처분시켜
내 맘대로 생을 반납할 수 없는 날
연들의 寺院인 백련지에서
가시연꽃이 고개 들기를 기다린다

선문답을 즐기는 바람이
내 귓전에
어디서 왔는지 모르면서
어디로 가는지 묻지 말란다

달마의 길을 가는
물 속 구름을
눈빛으로 쫓아가던 백련이
내게 합장한다,
떼거리로

등신불의 길을 가는
가시연꽃,
물마루에 오체투지로 엎드려
일어나질 않는다

가시연꽃이 고개 들면
물으리라,
지금 내 삶을 가처분한 이가
누구인가를

白蓮池
-蓮들의 사원

몸이
지저분한
이유,
알았네

다들
견성하겠다고

온몸의
때를

날마다
벗겨 내네

般若心經이 나를 가지고 노네

서른 살 이전의 나를
안중에 두지도 않던 반야심경이
불혹을 눈앞에 둔 나를
백련사 객실에서 가지고 노네
책꽂이 구석진 곳에서 참선을 하던,
내게 눈길 한 번 주지 않던
금란 가사를 걸친 반야심경,
선남자인 나를 남몰래 붙들고
백련사 동백 숲으로 꽃구경 가자더니
백련사 객실까지 데려와
엎드렸다 누웠다 체위를 바꿔가며
나를 가지고 노네
우리들의 불륜을 눈치챈
백련사 동백들의 영혼이 떼 몰려와
객실의 한지에 귀 기울이네
객실의 불을 재빨리 끄고
나의 입을 틀어막는
반야심경의 거친 손길에
숨이 막힐 지경이네
오히려 동백꽃들의 영혼이
헐떡이는 소리,
요란하네

金剛經이 나를 거들떠보지도 않네

내 안에
누군가를 만나기 위하여
금강경의 품에 안기려는데
금강경이 나를 거들떠보지도 않네
견공들이 보초를 선 이 무위사 객실에서
금강경의 물살에 휩쓸려 익사한 후
다시 살아나 출가한 벗이 있지
젊은 날, 내 안에 누군가를 만나러
옹이 박힌 길을 따라가다가
나 또한 금강경과 마주친 적이 있지
덥석 나를 붙들고 고삐를 매려하기에
뒤도 안 돌아보고 줄행랑을 쳤지
불쾌한 추억의 그림자를 내가
떨쳐버리지 못했으리라 생각한 나머지
금강경은 지금 나를 외면하는 걸까
아니면 내가 껴안아 주기를 기다리는 걸까
금강경이 벼락처럼 휘두르는
지혜의 칼에 베어
帶妻의 길을 걸은 이도 있지
금강경의 고삐에 묶일지라도
다시 옹이 박힌 길을 따라가다가

누군가를 만나고 싶은데
금강경이 나를 거들떠보지도 않네,
까치가 아침 經을 읽도록

觀音殿 冬柏의 눈빛 傳言

向日庵 비구니의 낯빛이
저리도 고운 까닭을 너는 모르지
선방 한지에 침 발라 구멍을 뚫고
몰래 들여다보지 않아도
비구니의 눈빛이
저리도 맑은 까닭을 나는 아는데
좁은 문을 지나 관음전에 기대어
업경대인 일망무제의 바다에
진종일 눈이 못박힌 자도
그 까닭을 짐작 못하지
보리암을 우러러보는 바위거북도
바람결에 귀가 솔깃해
그 까닭을 듣고 싶어 하지만
고개를 돌릴 수 없어 애태우는 것 봐
관음전 모퉁이에 나의 꽃봉오리가
제일 먼저 눈을 뜨고
이리 때깔 나는 까닭도
비구니의 낯빛 사연과 다를 바 없지
아무에게나 털어놓을 수 없는 그 사연을
입이 무거운 너에게만 귀띔해 주지
배냇짓하는 봄이 오기까지 우리는

머리끝에서 발끝까지 묵은 때를
반야심경으로 씻어 내고
심지어 뒷일도 반야심경으로 보지
나머지는 말하기 거북하니
상상에 맡기고
아니 너무 서운하니
딱 하나만 더 가르쳐 주지
꿈길에는 般若龍船에 몸을 싣고
世尊島에 다녀오지

華嚴經이 나를 못 살게 하네

길 가운데 소 발자국이 있고
길이 끝나는 곳에 절이 있는
울 어매의 자궁인 용운리,
淨水寺로 고기를 놓아주러 가라고
화엄경이 여러 날 나를 못 살게 하네
방구석에 처박혀 중생을 기만하는
어리석은 생각 폐기처분하고
길이 끝나는 곳에
나의 길이 시작하는 정수사로
길 떠나자고 나를 재촉하네
청정치 못한 나의 마음의 못에
이제까지 가두어 둔 고기를
밤낮으로 경 읽기를 그치지 않는
정수사 산골물에 놓아주러 가자고
화엄경이 나의 어깨를 붙드네
나의 마음의 못에 물도
다 갈아 담고,
절 옆 울 어매의 태가 묻힌
당산나무, 잎새마다 별빛으로 빛나는
如來의 말씀 담아오자고
화엄경이 나의 손목을 잡아당기네,
누구의 시선도 아랑곳없이

3부

멍텅구리배

바닷가
갯벌에 못박혀
갈매기 나래에 낙서나 띄워 보내는 나는
무동력선 멍텅구리배,
유식한 말로 해선망어선이라 불리우지요
다른 배들이 덩치 큰 나를
어린애처럼 업어다 주지 않으면
한 걸음도 나아갈 수 없는데
바다의 탯줄인 닻줄은 나에게 생명줄이지요
海風에 한 세월 절이다 보니 겉늙어 버렸네요

지금은
먼바다에 나가는 것이 금지된 내가
무슨 일을 했는지 궁금하지요
七山 바다의 보름달을 먹고사는
전장포 새우를 잡는 어선이 바로 나였지요
文身과 傷處를 자랑삼는 사람들이 찾아오고,
눈물 그렁그렁한 사람들이 끌려왔는데
세상사는 참 알 수 없데요
나 같은 멍텅구리가 그들의 위안이자 구속이고
그 사람들이 밥상에 달디단 새우젓을 올려 주었으니

바닷새마저
잠을 설치는 외로운 밤에는
밤하늘에 별무리를 보며 마음을 달랬지요
銀河의 江 저편에는 누가 살고 있는지
내가 살고 있는 이 세상이
그곳에서는 어떻게 보이는지 思索에 잠기다가,
바다를 가르며 지나가는 큰배들의 물살에
몸이 휘청거려 경악을 금치 못한 적도 있지요
나의 삶도 이렇듯 본의 아니게
남의 상처를 덧나게 할 수 있다는 것을 깨달았지요

때론
바다 한가운데 발목 잡힌 내가
커다란 입을 벌린 파도의 밥이 될 뻔도 했지요
열 번 좋다가도 한 번 잘못되면 끝장나지요
다행히 나는 살아남아 追憶의 족자를 펼치고 있지만
나의 동료들 몇은
세상에 적의를 품고 찾아온
사람들의 위로도 되지 못하고
눈물 많은 사람들의 恨도 풀어 주지 못하고
바다 밑 어둠 속으로 사라졌지요

바닷가
갯벌에 붙잡혀
사람들의 눈요기나 되고 있는 나는
무동력선 멍텅구리배,
유식한 말로 해선망어선이라 불리우지요
예인선(曳引船) 없이는 꼼짝달싹 못했지만
전장포 앞바다에서 한때 끗발 날렸지요
말없는 수평선은 누굴 닮았는지
두렵기도 하지만, 온몸이 근질근질하네요
바다가 저기 있으니까

시계들의 靈魂

밤이 깊어지면
시계들의 영혼이 거실로 모인다
불알을 흔들며 정력을 과시하는
신혼 때 받은 거실 벽시계의 신호에
싱크대 라디오 시계와 전자레인지 시계가
텔레비전 밑의 비디오 시계가
눈을 깜박이며 먼저 자리에 앉는다
안방에서는 암컷과 수컷의 예물 시계가
집들이 때 둥지를 틀었던 뻐꾸기 시계가
자기 울음에도 깜짝깜짝 놀라는 자명종 시계가
뭔 좋은 일없나, 거드름피우며 나온다
작은 방에서는 개업선물인 탁상용 시계가
심각한 표정으로 머리에 볼펜을 꽂고 나오고,
예식 답례품인 이곳 저곳에
나자빠져 있던 얼굴이 둥그런 시계들이
불만스럽다는 듯 제일 늦게 도착한다
원탁의 기사들처럼 둥글게 모여 앉아
벽시계가 주동이 되어
세상사에 대하여 밀담을 나눈다
오래 간직한 비밀을 털어놓고
지나치게 못마땅하면 핀잔도 주고

하나같지 않은 자신들의 시간에 놀라기도 한다
오늘은 대폭 오른 건전지 값에
투덜대는 뻐꾸기 시계를 위로하다가
자명종의 신호에 사람들 눈에 띄지 않게
자기들 몸으로 서둘러 돌아간다

비밀의 정원

이 정원에
뭔가 음모가 있는 것 같다
밤이면 너른 잎새로 달빛 받아 마시며
내게 삶의 의미를 말없이 가르쳐 주던
태산목이 시들시들 앓아누웠다
노환도 아니고 한창때 병든 것은
무슨 음모가 이 정원에서 진행 중인 것이다
타조알만 한 꽃봉오리를 치켜들고
온 힘을 기울여 우아한 꽃을
완벽하게 피워내는 것을 볼 때마다
내가 엎드려 경배하고 싶었던 태산목
꽃들의 王이라 불리운 장미마저도
태산목에게 자문을 청하지 않았던가
역병이 든 것도 아닌 이 정원에서
원인 모르게 태산목은 죽어가는데
아침, 저녁으로 평화의 인사를 나눴던
꽃나무들은 눈치만 볼 뿐
자기들과는 상관없는 일인 듯 수수방관하니
그렇다면 땅 속 뿌리들의 세상에서
태산목을 독살할 음모를 꾸몄단 말인가
꽃나무들은 자기는 아니라고 고개를 젓고

어떤 큰 힘에 눌리어 태산목 스스로도
입을 열지 못하고 있는 것인가
겉으로 태연한 이 정원, 뿌리들의 세상에는
태산목의 숨통을 조이는
어떤 음모가 벌어지고 있는 것이다
태산목이 쓰러지면 꽃나무 전체가
쓰러진다는 걸 꽃나무들은 모르는 걸까
태산목과 가장 가까운 사이인 烏竹이
요즈음 말없는 가운데 세를 넓혀 가고 있다
뒤늦게 이 정원의 한 식구가 된 오죽을
어떤 큰 힘이 밀어주고 있단 말인가
태산목이 더 깊이 병들기 전에
난 이 음모를 뿌리째 파헤치리라

不惑

불혹이
저만치서 내게 눈웃음친다
나는 그를 맞이할 아무런
준비가 되어 있지 않은데
자고 나면 새싹 돋아나듯이
내게 다가오고 있다
쳐다보고 있으면
점잖게 팔짱 끼고 있는데
조금만 한눈팔았다 하면
무궁화 꽃이 피었습니다 하듯
성큼 다가와 있다
달아나지도 못하고
발만 동동 구르는 나를 불혹은
원격 조정하듯 가지고 노는 건가
불혹이 나의 나이테를 들여다본다면
이 놈, 이 괘씸한 놈 오늘날까지
안이한 길만을 택해 왔다며
핀잔을 줄 텐데 나는
변명할 준비가 되어 있지 않다
아, 시험에 들 때마다
관례를 핑계삼아 살아왔는데

까치 뱃바닥 같은 불혹을
나는 도무지 맞이할 자신이 없다
나의 사정은 아랑곳없이
이제는 두 눈 마주쳐도 눈치보지 않고
넉살좋게 눈웃음치며
야금야금 다가오는 不惑
나도 모르겠다, 올 테면 와 봐라
이왕 이리 된 몸
한 번 으스러지게 껴안아 주마
아이코, 어느새
코앞에 와 있네!

곧은 곡선 하나가
　-자벌레

- 모두 다 길을
비켜라

봄날,
위태로운 나뭇가지 小路에서
갈색 꿈 하나가
고개를 쳐든다

- 비키지 않으면
다친다

눈물겹도록 곧은
곡선 하나가
눈부신 세상을 향하여
전신으로 걷는다

무지개

소나기가
후다닥
쏟아졌다

후투족들이
비를 피해
후다닥 뛰었다

반란인 줄 알고
투치족들이
후다닥
총을 쏘았다

칠천 명 가량의 시체가
후다닥
산봉우리가 되었다

그 주검의 산에
후다닥
무지개가 걸렸다

鎭魂曲
  －스코틀랜드 초등학교 총기난사에 대하여

사랑아,
왜 고개를 숙이느냐

자신의 모습을
남에게 드러내지 않고,
헝클어진 세상사
풀려고 동분서주하던 사랑아

보도블록 위
하찮은 민들레 홀씨에도
돌담 밑 큰개불알풀에도
눈길을 주던 사랑아,
오늘은 왠지 네가 지쳐 보이는구나

이디오피아의 난민촌에서도
보스니아와 세르비아에서도
체첸의 그로즈니에서도
눈물을 애써 감추며
목숨마저 아끼지 않던 네가 아니었던가

사랑아,
왜 고개를 들지 못하느냐

仙亭

대낮,
望山의 가슴 아래께가
움찔하더니

김氏네
訃音

망연자실한
낮달

임종을 못해
울먹이는
바다

모든 길들이
문상 온
喪家

일찍 달아오른
윷판

기웃거리는
햇살

꽃상여

신지면 동고리 조영감님이
꽃샘바람의 팔목을 붙들고
자기 혼자면 족하지 않느냐
어서 가자 부추기네
누구 한 사람 데려가려다가
명사십리에서 허탕치고 온
꽃샘바람이 자진해서 나오라며
묵은 가지 부러뜨리며 윽박질렀네
더 나이 잡순 영감들도 나서지 않는데
누구 한 사람 꼭 가야한다면
자기가 가겠다고 조영감님이
꽃샘바람의 팔목을 붙들었네
뜨락에 수선화가 노란 등을 켜는 걸
못 보고 가는 것이 아쉽지만
자기가 가겠다며 꽃샘바람에게
자기 하나로 만족하라며 이 봄에
동네 사람 누구도 건드리지 말라네
담장 밖 멀뚱멀뚱 쳐다보는
키 작은 들꽃들도 건드리지 말라
꽃샘바람에게 신신당부하네
상주들과 함께 갈매기가

끼륵끼륵 곡을 하고
문상 온 앞 바다도 울먹이네,
갯막은 조영감님의 마음 쏨쏨이에

밤하늘에 기대어

1

초저녁,
누구는 옷매무새 여미며
누구는 뒷짐지고
잔칫집에 나타나듯
천상에 모여드는 별들

누군들
초대받고 싶지 않으리

2

한밤중,
누구는 헛기침하며
누구는 겸연쩍게
잔칫상에 모여 앉듯
천상의 자리를 차지하는 별들

누군들
한 세상 살고 싶지 않으리

3

새벽녘,
누구는 귀중한 약속이 있다며
누구는 휘청거리며
거의 다 빠져나간
잔칫상 뒤치다꺼리하듯
천상에 남아 있는 별들

누군들
집에 가고 싶지 않으리

그 나라가 임하실 때에

그 나라가 임하실 때에
함께 가길 원하는
박씨의 뒷모습이 겨울나무네
여호와의 증인이기 전에
그는 나의 이웃사촌
천주교 교우의 집, 교패가 붙어 있는
우리 집에 봄나무로 다가왔을 때
좋은 소식을 함께 나누러 온 그를
문전 박대할 수 없었지
이끼 낀 바윗덩어리인 내가
여름나무로 우기는 그에게 해 준 것이라고는
단돈 천원의 파수대 두 권과 차 한 잔에
프레이저의 '황금가지'를 권할 뿐이었지만,
그가 준 말들은 나의 영혼을 맑게 해 주었지
삼위일체설과 영혼의 문제를 논하기 전에
한때 妙法蓮華經을 읽었다는 그는,
그 나라가 임하실 때에
단 한 형제라도 함께 갈 수 없다면
자기는 성불하지 않고 아귀지옥에 남겠다며
가을나무로 얼굴을 붉히는 그는
가슴에 사랑의 불씨를 간직한 사람

길가에서 우연히 마주친 오늘,
내게 눈인사를 주고 가는
박씨의 뒷모습이 겨울나무네

그랜드 캐넌에 대한 斷想 1

머리카락 보일까 봐
꼭꼭 숨은 하느님

불혹을 넘겨도
나만 술래

장독 뒤에 숨어도
못 찾겠다 꾀꼬린데

이 협곡 어딘가에
숨어 계실 하느님

4부

봄, 들판에서

발신인 없는 편지를 받고
설레는 가슴으로 들판에 나갔더니
고개를 막 내민 달래, 냉이, 씀바귀가
꽃샘바람 부는 이유를 아느냐고 내게 묻네
꽃이 피는 걸 시샘하는 거라고 대답했더니
새 가지 돋아나라 묵은 가지 떨구어
더불어 까치가 집 짓는 걸 도와주려는 거라네
쑥스러워 그만 돌아서는데
겨우내 강물이 어는 이유를 아느냐고 다시 묻네
시치밀 뚝 떼고, 그걸 내가 어떻게 아느냐고
그렇다면 너희들은 아느냐고 되물었더니
강물이 한꺼번에 흘러가지 못하도록
잠시 발목을 묶어두려는 거라네

봄

봄
 봄
  봄

세상은
동전을 넣지 않아도
머리를 내미는
두더지 게임판

초록 두더지를
두들기기엔
세상 모든 사람의
힘으로도
중과부족

가슴이
초록 두더지에
정복당한 사람들
입 벌리고 바라볼 수밖에

  봄

봄
봄

봄山이

군산동 수원지로 소풍 다녀오는 날
진달래꽃으로 단장한 봄山이
귓속말로 내게 다가와 올해는 꼭
春蘭 한 포기 챙겨 가라네
不惑을 넘기고도 머리맡에
蘭 한 盆 두지 못한 것은 무심한 탓,
뭐가 그리 잘나 빈손으로 돌아가냐네
못 들은 척 슬그머니 딴전을 피우는데
줘도 못 가져 가, 계속 씨부렁거리며
안방까지 집요하게 따라오네
무심결에 문고리를 잠그려 드니
응큼한 놈이라 버럭 성질을 내며
봄山이 정신없이 달아나부네
진달래꽃 한 송이 방바닥에 떨어뜨리고

봄비

눈빛만 보아도 알겠네

피고 지는 꽃나무들이
무슨 생각을 품고 있는지

문득,
내 생각만 해 왔다는 것에
낯짝을 들 수가 없네

그 동안 누군가도
내 목소리만 듣고도
내 마음을 속속들이
읽었을 것이네

더욱
창가에 선 누군가가
꽃나무에게
내가 응큼한 말을 한 것을
다 엿들었을 것이네

큰개불알풀

소한,
대한,
동장군들의 주먹질
잘도 피합니다

라이트,
레프트,
어퍼커트,
훅

꼿꼿이
선 나무들
여기저기
멍들어도

최대한
몸을 낮추어
동장군들의 주먹질,
무력하게 만듭니다

못 말려

귓속말 좋아하는
봄비는 못 말려
언제는 남해의 작은 섬들을
징검다리 삼아 꽃소식 전하면서
너희들은 뭣하고 있느냐며
나무와 풀 목을 적시며 부추기더니
오늘은 해코지하듯 꽃이파릴 흐트러뜨리네
잎보다 꽃을 성급하게 내민 귀가 얇은
진달래, 개나리, 목련이 눈 흘기자
귓속말로 성깔부리는 것 봐
야, 가는귀먹은 나무들이
아직도 묵은 가지를 다 떨구지 못하고
잠들어 있는데 모른 체하란 말이냐
귓속말로 안 되는데 흔들어 깨워야지
겨우내 온몸으로 불 밝힌 동백도
아무말 않는데 니네들이 뭘 안다고
귓속말로 소곤소곤 달변이지만
좌우지간 이랬다저랬다 하는
봄비는 못 말려

봄날의 딜레마

봄날
내게 구애하는
들꽃들과 나무들 중
누구의 사랑을 받아들여야 할지
너무도 막막하네

볼품없는 나를
한량없이 올려다보는
나 때문에 가슴이 미어지는
이름을 밝히기가 미안한
큰개불알풀을 고들빼기를 어떡하나

내게 무슨 사심을 품었기에
동백은 저리 얼굴을 붉히고
요조숙녀인 목련에게서는
가슴이 콩당콩당 거리는 소리가
내 귓전에까지 들리는지

내가 모질지 못하다는 걸
어떻게 알고
배꽃은 복사꽃은 성희롱하듯

피할 틈새도 없이
나의 몸에 입을 맞추는가

다들 나를 눈독들이는
봄날, 누구의 사랑을
받아들여야 할지
딜레마에 빠진 나는 막막하네,
너무도

배꽃

배꽃들이
구슬치기를 하고 있다

작천교회
김재열 장로님댁
나이 들어 가는 귀먹은
배나무 한 그루

배꽃들이
달빛을 사다리 삼아
하늘을 오르락내리락
천당, 만당
구슬치기를 하고 있다

타지로 상급학교에 간
장남 춘석이
외할머니 같은
배나무에게 은밀히 맡겨둔
구슬 한 바가지

배꽃들이

구슬치기를 하고 있다
더러는 달빛을 잔뜩 마시어
몸을 가누지 못하고
땅에 입맞춘다

섬
— 小滿 근처

누군가
섬이 되어 눕더라

가슴에 털이 가득 난 바다가
하루에 두 차례 씩씩거리며 찾아와
무슨 짓 하는지 몰라도
가슴까지 적셔 주며 돌아가더라

섬은
바다가 하는 짓에 재미를 붙였는지
일어날 줄도 모르고
아예 일어날 생각을 않고
마냥 누워 있기만 하더라

마냥 누워 있기가 미안해서인지
바다에게 뭔가 보답하려는 의도인지
섬은 찔레꽃과 뻐꾸기를 낳고,
쟁기질하는 사람도 피워 내더라

그것이 보기가 좋았던지
아니면 질투가 났던지

또다른 누군가가 여기저기에서
섬이 되어 눕더라

바다는 마다하지 않고
한꺼번에 여러 섬을 여지없이
하루에 두 차례 씩씩거리며 찾아와
여전히 그 짓을 되풀이하고 돌아가더라

섬들은
바다가 하는 짓에 재미를 붙였는지
아예 가슴까지 풀어헤치고
마냥 누워 있기만 하더라

저도 모르게 배가 불러진 섬들은
그냥 그대로 있기가 민망해서인지
서로 흉내 내듯, 아니 시샘하듯
찔레꽃과 뻐꾸기를 낳고,
쟁기질하는 사람도 피워 내더라

그러한 모종의 일들이
뉘나도록 되풀이돼도

바다에게 등 돌리는 섬은
눈을 씻고 봐도 없더라

* 뉘나도록: 싫증나도록

小滿

진달래꽃이
다 져부렀다고
피울음을 토하는
뻐꾸기

모심는 것
구경하려
무더기로 마실 나온
찔레꽃

주인 없는 마당
잔뜩 급했는지
오리 등에 올라타는
장닭

정신없이 달아나는
오리 울음에
고개 돌리다, 떨어지는
감꽃

묵은 갈대

겨울을 이겨낸
저승꽃 가득 핀 갈대들이
무릎 아래 어린 갈대들에게
옛이야기 들려주더라
어미새가 새끼새를 가르치듯
묵은 갈대들은 어린 갈대들에게
바람에 굴복하지 않고
바람을 다스리는 법을 가르치더라
혼신의 힘을 다하여
제 영혼들을 바람에 싣고
어린 갈대들을 데리고 뒷동산에 올라
첩첩산과 망망대해를 보여주더라
밤이면 달빛, 별빛 나눠 마시며
초롱초롱한 눈빛으로
귀담아 듣는 어린 갈대들에게
세상 살아가는 지혜를 가르치더라
자고 나면 쑥쑥 키가 크는
어린 갈대들의 모습에 흐뭇해하며
낫날에 싹둑 잘릴지라도
비굴하게 살지 말라고 당부하더라
밀물 때는 물고기들과 어울려 지내고

썰물 때는 새들과 어울려 지내는
법도 가르치더라
무릎이 꺾여 쓰러지는 날까지
바람을 다스리며
죽어서는 成年이 된 갈대들의
거름이 되어 주더라

내리는 눈발 밖에서

눈 내리는 날은
귀동아, 귀동아 하는 소리가
나의 영혼의 창을 두드린다

무슨 일인가,
내 영혼의 창을 열면
화수분이라는 사내가
우리 귀동이 못 봤냐고
나의 손을 붙들고 퍽퍽 운다

눈 내리는 날은
누구는 리조트로 떠나지만
장독에 흰눈이 고봉밥처럼 보이는,
화수분이라는 사내가 종일 따라다니는 나는,
그런 일은 엄두도 못 낸다

눈 내리는 날,
누구는 괜찮다, 괜찮다 하지만
걸어서 천국까지 가다 돌아온
화수분이라는 사내가 따라다니며
귀동이 소식을 묻는 나는

괜찮긴 뭐가 괜찮겠는가

화수분을 따돌리려다가
눈 위에서 꿍하고 넘어지는 날이면
귀동이도 화수분도 다 잊고
엉덩이를 털털 털고 일어나
정신없이 집으로 돌아가는 거다

* 화수분: '재물이 자꾸 생겨서, 아무리 써도 줄지 않음'을 이르는 말로 전영택의 단편소설 제목이자 주인공 이름.
* 귀동이: 가난 때문에 양녀로 간 화수분의 딸

겨울 강가에서

얼음장에
돌멩이 함부로 던지지 마라

江물이 풀린 뒤
물수제비뜨지 마라

누군가의 유희로
돌멩이들이,

일생을
어둠 속에 지내고 있으니

남의 설움에
기러기가 지금 울고 가느니

5부

平沙里

최참판댁
집터를
완전히 장악한
강아지풀

밀정처럼
눈에 띄지 않게
마을을 감시하는
낮달

팔짱 끼고
마을 아낙들의
귓속말 엿듣는
우물

배때기
다 내놓은
섬진강, 곁눈질하는
寒山寺

霽月堂에서

벽을 門 삼은들 무엇하리

光風閣에 저 교태로운 달빛은
온갖 재미 다 보면서도
아무 소리 내지 않는 것을

五曲門을 지난 밤눈이 밝은 물은
아찔한 벼랑에서 떨어져도
정신을 잃지 않고 槽潭에 흘러들어
제 갈 길 찾아가는 것을
몇은 샛길로 小塘에 들러
한눈팔다 가는 것을

門을 벽 삼은들 무엇하리

곧다는 대나무는
사소한 발자국 소리에 소스라치고
미천한 개가 어둠을 물어뜯는 소리가
저 긴 담을 넘어오는 것을

눈 온 뒤에

더욱 붉은 눈을 뜨는 산수유는
한정없는 물의 說法에
가는귀먹은 것을

* 霽月堂: 소쇄원(瀟灑園)을 이루는 건물 중의 하나
* 瀟灑園: 중종때 사람 양산보의 별서정원

東菴에서

世上事가 빨래하듯
얼룩이 지워지는 것은 아니더라

밤새
우주의 등불인 달이
萬物을 헹구어 내고
내 마음마저 헹구어 내지만

아침에
氣勢 당당하던 달빛이
햇살에 완전히 눌리어
쫓겨 가는 것을 보면

世上事가 다리미질하듯
구김이 펴지는 것은 아니더라

殺身成仁하려
江물에 뛰어든 눈발이
물의 발목을 붙들고
물의 입마저 封하지만

얼마 안 있어

江물이 전보다 더 큰 소리로

어깨를 들썩이며

우쭐대는 것을 보면

*東菴: 茶山草堂을 이루는 건물중의 하나

文山齋 가는 길

삼짇날
성천에 물 마시러 온 여인들 단내에
흔들리는 마음 바로잡으러
이정표만 믿고 문산재 찾아갑니다
학문에 정진하던 꽃나무들
제 발로 찾아온 사람 구경하다가
작년에 난 상처,
덧날까 봐 몸을 움츠립니다
함께 가자고 꼬시고 싶지만
제 말에 넘어갈 리 없습니다
산 중턱에 앞서가던 산벚꽃이,
해찰 팔고 있습니다
작은 가랭이로 아장아장 걸어가는
제비꽃, 같이 가면 좋을 텐데
앞질러 가기가 너무너무 미안합니다
벌써 갔다 돌아오는 진달래꽃이
힘들어하는 내게
포기하지 마라 눈빛을 보냅니다
가던 길 멈추고 쉬는 나무들
믿지 못할 건 사람뿐이라며
내 비위를 거슬립니다

가끔 산꿩이 허공에 울음을 긋는데
인상이 험상궂은 낯선 사내 하나
경계하라는 신호인 듯 합니다
아무리 귀 기울여도
물이 속삭이는 소리 들을 수 없는 것은
아직 갈 길이 많이 남았다는 뜻입니다,
주저앉고 싶어도

* 文山齋: 王仁 博士께서 修學하시던 學堂

高阜에서

제 앞가림을 못해 쩔쩔매는
불혹의 봄,
내 나이에 너덜너덜한 세상을
새 종이로 도배하려다
고배를 마신 봉준을 만나러
말발굽소리 요란한 고부에 왔다
조선의 안다리를 걸었다
넘어뜨리지 못하고,
외세의 빗장걸이에 주저앉은 사내
나를 뻔히 쳐다보고 있다
보국안민, 제폭구민의 구호를 외치던
서서 白山, 앉아 竹山
든든한 부하를 한때 거느린
봉두난발한 그의 눈빛이
회초리되어 나의 흐트러진 정신을
사정없이 매질하고 있다
조선 땅에 살면서 너는
대명천지를 위하여
한번이라도 말 달려 본 적이 있느냐
다그친다, 배신한 세상의
멱살을 붙들고 내동댕이치고 싶은

팔목이 묶인 인내천이
완창하지 못한 척왜척화가
내 뒤통수를 때리고 있다,
불혹을 맞이한

初 夏

정리해고에 주눅들린 봄꽃들이
명예퇴직하듯 물러나고
아카시아와 찔레가 얼굴을 내밀었다
너무 서둘러 나와 눈치가 보였는지
엘니뇨 탓이라고
아카시아와 찔레가 입을 모은다
겨울이 봄에게 바통을 물려주기도 전에
어느 곳에서는 미혼모처럼 꽃이 만발하고
그 뒤 얼마 안 있어 아닌 밤중에 홍두깨로
우박이 쏟아져 배꽃들이
정신대에 끌려가듯 몸을 버려
아카시아와 찔레도 마음을 놓지 못한다
지방선거를 앞두고 제철을 만난 후보들만이
가시를 숨긴 움직이는 꽃이 되어
벽보에 불쑥불쑥 근엄한 얼굴을 내밀며
은연중에 상대 후보를 흠집 내느라 분주하다
담장 밑 민들레와 제비꽃들이
식상한 듯 귀를 막고,
입술이 부르튼 장미꽃들이 비아냥거린다
자기 집 소를 팔아 가출한 경험이 있는
저승꽃이 가득한 재벌 기업인이

소를 끌고 북쪽 고향에 간다는 소문에
가슴이 미어지던 오동꽃들,
불끈 나타난 비아그라에 즐거운 비명을 지르다
목숨을 잃는 사람들이 있다는 소문에는
어처구니없다는 표정이다
다운증후군 아이들을 가르치는 세실리아 여사는
제자 호성군이 제 힘으로 버스를 타고
집에 돌아가는가를 확인하느라
가로수에 바짝 몸을 숨긴다,
등꽃들도 숨을 죽인다

가계부
　- 아내

봄날
아이엠에프 파고에
기우뚱거리기 시작하던 가계부가
한 해를 버티지 못하고 두 손을 들었다
십일 월 마지막 주에 날아든
세 통의 청첩장을 막아내지 못하고
최종 부도를 낸
가계부에게 나는 너무도 죄가 많다
미네르바의 부엉이가 되어
늦깎이로 시작한 대학원이
가계부로 하여금
만삭이 된 적금을 해약하게 하고
노숙하는 밤하늘의 별들에게도
등을 돌리게 하였다
몇 달 전 실직하고도 내게 알리지 않은
부초처럼 떠도는 아우에게 나는
몸 건강하라는 빈말뿐이었지만
가계부는 기가 죽은 조카들에게
아픈 살점을 떼어 주었다
마이더스의 손이라도 빌리고 싶은
은행나무가 황포돛대인 십일 월에

가계부는 한 차례 축의금을 건네지 못한
청첩장의 얼굴을 대하지 못하고
큰죄를 지은 사람처럼 마냥 피해 다닌다
며칠 전 한꺼번에 또 쳐들어온 청첩장에
진즉 부도가 난 가계부는 홧김에
지금까지 주기만 했을 뿐
받은 적이 없으니 앞으로는
받지도 말고 주지도 말고 살자더니
오늘은 돌반지를 내놓는다,
기어이

어머니

1

동구 밖에 도착하니
뉘네 집에서 흘러나오는지
온 마을이 확독소리에 젖어 있다
당산나무 수많은 이파리들이
소리 나는 쪽으로 귀 기울이고
저문 산 그리메에 갇히어
칠순 노모 홀로 계시는 집으로 향하니
확-확- 확독 소리 내 가슴을 적신다
확독 소리 넘쳐나는 우리 집 담 너머로
엄니, 엄니 불러도 대답이 없으시고
대문을 열고, 엄니, 엄니 불러도
모퉁이를 돌며 불러도 대답이 없으시고
엄니, 엄니 부르며 정개문을 여니
그때야 비로소 확독 소리 희미해진다
귀잡순 어머니 어두침침한 정개에서
나를 쳐다보시며 하시는 말 한 마디
"왔냐"

2

잠결에 들으니
누가 싹-싹- 마당을 쓸고 있다
문지방으로 흘러들어온 빗자루 소리
방 구석구석 스며들고, 머리끝에서 발끝까지
나의 전신에 스며든다
이른 새벽, 약수터에 生水 떠오신 어머니
일찍 홀로 되어 자식들 뒷바라지하시느라
몽당 빗자루 다 되신 어머니
미명 속 우리 앞의 어둠을 쓸어내고 있다

황금잎

노숙하는 별들
위로할 말 몇 마디 찾지 못하고
巡禮의 잠이 들었지
(아내는 머리맡에서
뜨개질을 하고) 황포돛을 내리고
冬安居에 들어간 은행나무가
내게 준 황금 가지,
손가락이 잘린 아이 별에게
한 잎 떼어 주었지 (아이는
좋은 지도 모르고)
제 앞가림도 못하는 놈이
아내 몰래,
명퇴한 별들에게도
실직한 별들에게도
정리해고 당할까
굽실거리는 별들에게도
한 잎씩 떼어 주었지
마지막 한 잎 남겨두고
아내의 코고는 소리에
잠이 깼지 (잠든 아내는
식솔들 싣고

기관차를 몰고)

내일이 아니 오늘이
신춘문예 마감일이지
마감일 소인은 유효하다지
우표 대신에
마지막 남은 한 잎
떼어 붙여야지
남은 시간에
노숙하는 별들
위로할 말 몇 마디
반드시 찾아

大王墓謁見記

대왕이시여,
이루지 못한 왕도의 꿈으로
잠 못 이루고 계시군요
짐을 덜어드리지는 못할망정
소인의 직언이 웃짐이 될까 두렵습니다

아뢰옵기 황송하오나
환란으로, 한때 동방의 등불이던 이 나라가
풍전등화의 운명에 처해 있사옵니다
닭목아지를 비틀어도 새벽은 온다던
대산왕의 칼국수 개혁이
빛좋은 개살구가 되어버렸습니다
그의 아우 미산의 이권개입으로
제방 같은 법이 무너지고
백성이 도탄에 빠지니
들꽃들마저 낯바닥에 윤기를 잃었습니다

거덜난 국가를 인수받은
김해인 후휘왕이 발등의 불을 끄느라
동분서주하고 계십니다,
목숨처럼 아끼던 지팡이마저 내놓았습니다

나라를 구하겠다고 민초들은
장롱 속의 금가락지, 금비녀, 돌반지의
고삐를 풀어 주었습니다만
문무백관들이 매어 놓은 황금 송아지들은
나라가 울부짖어도 코빼기도 비치지 않습니다

대왕이시여,
결혼반지까지 고삐를 풀어 준 민초들이
구조조정이니 정리해고니 하는 말에
분노의 담을 싸 후휘왕이 딜레마에 빠졌습니다
마(薯蕷)로 신라의 아이들을 홀려 노래로
선화공주를 아내 삼은 기지로
지금 추락하고 있는 백성들이
땅바닥에 곤두박질치지 않도록
하루 빨리 處方歌詞를 부탁드립니다

아뢰옵기 황송하오나
만인은 법 앞에 평등하다며
비록 성공한 결혼이라 할지라도
유언비어를 날조한 대왕의 도덕성을 문제 삼아
그냥 넘어가서는 안 된다는 무리도 있습니다

그 옛날 마 캐던 오금산,
금이 산더미처럼 쌓여 있는 그곳을
가르쳐 주시기만 하면
소인이 과녁이 되어 모든 것을 막아내겠습니다

아무 말씀 안 하시니
소인이 한 말씀 드리도록 하겠습니다
코리아나로 하여금 세계 각국을 돌아다니며
동방의 나라 후조선에는
바지게로 져다 날라도 날라도
금이 고갈되지 않는 오금산이 있다고
당당히 노래하게 하겠으니 윤허 바랍니다
귀가 솔깃한 세계 각국의 투자가들이
부나비떼처럼 몰려들면
들꽃들의 낯바닥에도 윤기가 돌아올 겁니다

대왕이시여,
소인이 물러나기 전에 한 가지만 더 아뢰옵나니
후휘왕이 대산왕과는 달리
참언은 당나라 군사 대하듯 하시고
직언은 수라상 반기듯 하시어

나라의 기강이 바로 설 수 있도록
지명법사와 같은 분을 천거해 주시기 바랍니다
도탄에 빠진 백성을 구할 기회를 주신다면
당간지주가 상주가 된 미륵사터를
다시 일으켜 성은에 보답하도록 하겠습니다

* 大王墓: 전북 익산에 있는 백제 무왕(서동)의 묘
* 지명법사: 신라 진평왕의 딸 선화공주와 살고 있던 무왕이 공주와 함께 찾아와, 어려서 마를 캘 적에 땅에서 나온 많은 황금을 신라 왕궁으로 옮겨 달라 부탁을 하자, 신통력으로 이를 하룻밤 사이에 신라 궁중으로 보냈다는 인물(삼국유사)

受難記

1.휴학

- 잘 있거라
나는 간다

군복무를 마치고
늦깎이로 맛본 대학물이
한 학기를 끝으로
대전 부르스다
암고양이 같은 여대생들과
이별의 말도 없이
떠나는 정든 교정,
봄날 내게 눈인사를 주던
꽃나무들이 오늘은
측은히 나를 바라보고 있다
누가 나를 붙잡는다 하여도
아무 소용없으련만
나를 붙잡는 이 하나 없는
교정을 떠나는
발길이 에밀레종이다
기약할 수 없이 내던져진 이 길이

부메랑처럼 다시 돌아와
학사모를 쓸 수 있을지
다들 신입생 환영식이다
엠티다로 분주했어도
내게는 씨나락 같던 날들
아르바이트 자리마저 잃게 한
아이엠에프가
나를 모처럼 철들게 해
늙으신 어머니가
허수아비처럼 들판을 지키는
고향에 효도하러 간다

-기적소리
슬피 우는

2.귀향

어떻게 살래
어떻게 살래

밤새

혀를 차는
벽시계

몸만 성하거라
몸만 성하거라

미명 속
위로하듯
쌀 씻는
어머니

시 혹은 '눈물겹도록 곧은 곡선'

― 고인환(문학평론가, 경희대교수)

1

 김재석의 시는 문명과 자연, 세속과 신성의 틈새를 산다. 이 틈새에 언어의 집을 지으려는 시인의 내밀한 욕망은 가벼움과 무거움, 경박함과 초월적 비상 사이에서 아슬아슬한 곡예의 궤적을 그린다. 이 줄타기의 떨림에 의해 주조(鑄造)된 김재석의 시는 은폐된 자본의 이데올로기가 회심의 미소를 머금고 조작 유포한 '자연'이나 '초월'의 꼬리표를 힘겹게 떼어내고, '눈물겹도록 곧은 곡선'으로 문명의 심해를 탐사하며 스스로를 갱신하기 위해 노력하고 있다. 이러한 자기 갱신이 '힘겹게' 느껴지는 이유는 문명과 자연, 세속과 신성의 어울림이 때로는 느슨한 비유로, 때로는 거친 서술투로 직조됨으로써 시적 완결성보다는 정서적 울림에 치중하는 듯한 인상을 풍기기 때문이다.
 그의 시가 탄생하는 과정을 엿보기로 하자.

> 한 뙈기 내 영혼의 텃밭에
> 분재를 마음먹었다
> 봉선화 꽃물 든 고향을 떠나
> 가로수의 나뭇잎마저 날 비웃는
> 세상을 살다, 뒤늦게 얻은 생각이었다
> 우선 굳게 입다문 분노를 비롯한

슬픔이나 그리움 같은
때론 싸리꽃만치나 고운 꿈 같은
작업도구를 마련하고
절망보다 넉넉한 어둠과 맞섰다
더욱 남들이 가까이 할 수 없는
언어의 꽃가루를 잔뜩 마시려
파닥거리는 날개깃 잠재우고
몇 날이고 푹 썩어 문드러졌다
볼품없이 하늘로 치솟은
웃자란 생각들을 잘라내고
모양을 내어, 연꽃무늬 담긴
붉엉물 이는 번뇌로 빚은
값진 생명 하나 하나,
누군가의 유희로 인하여
버림받지 않도록 기도하고 보살폈다
그러던 어느 날 밤 꿈속에서
나를 닮은 자그마한 사내 하나
하느님의 고운 질그릇에
분재되어 있는 것을 보았다

(『序詩』 전문.)

  김재석의 처녀 시집 『까마귀』의 서시(序詩)이다. 이 작품에는 김재석 시 세계의 원형적 실루엣이 드리워져 있다. 그에게 시란 스스로의 분신이자 자식의 다른 이름이다. 그에게 시 쓰기란 '웃자란 생각들을 잘라내고' '연꽃무늬 담긴 붉엉물 이는 번뇌'로 '값진 생명'을 빚는 행위이며, '누군가의 유희로 인하여 버림받지 않도록' '기도하고 보살'펴 자신을 '닮은 자그마한 사내 하나'를 솎아내는 작업이다.

 김재석은 이러한 자신의 시작 과정을 분재 행위에 비유한다. 분재는 작은 화분 속에 커다란 나무를 축소시켜 키우는 고난도의 화훼 기술로, 작은 공간 속에 생명을 응축시키는 지난한 작업 과정을 포함한다. '언어의 꽃가루를 잔뜩 마시'고 '영혼의 텃밭에/분재를 마음먹'은 시인이 '몇 날이고 푹 썩어 문드러'지는 부패와 소멸의 시간을 견뎌야 하는 이유도 여기에 있다. 이러한 인고의 시간 속에서 비로소 한 편의 시, 즉 새로운 생명이 자리잡는 것이다.

 김재석의 두 번째 시집 『샤롯데 모텔에서 달과 자고 싶다』는 「序詩」의 화두인 한 편의 시가 탄생하기까지의 여정을 자연과 문명, 신성과 세속이라는 이미지의 변주를 통해 암유적으로 보여주고 있다.

2.

 김재석은 서정 시대가 끝난 '서정 연습 시대'(최승자)에, 부재하는 서정을 예언하는 자연의 주술사이다. 그의 두 번째 시집에서 자연은 친구이자 연인이며 나아가 어머니이기도 하다. 그는 자연에 대한 세심한 관찰을 통해 인생의 모습을 유추한다. 나아가 모든 만물의 생성은 홀로 이루어지지 않으며, 자연과 인간의 상호 작용을 통해 이루어지는 것이라는 깨달음에 이른다.

 검은 장막이 침대이고

윽박지르는 천둥, 번개가
빼嗳인 것을

우리의 가슴을
적셔 주는 비가
오르가즘인 것을

아무 일 없는 듯,
하늘 방을 별들로 도배하고
얼굴 내밀며
시치미 떼는 것을
(「달의 不倫」 부분.)

  그는 자연 현상에 세속적 삶의 모습을 투영함으로써 자연 현상을 마치 인간사와 같이 느끼고 호흡한다. '검은 장막(어둠)/침대', '천둥, 번개/빼嗳', '비/오르가즘', '하늘/방', '별/도배' 등의 대비는 자연 현상의 밑면에 인간의 삶이 드리워져 있음을 보여준다. 이렇듯, 자연 현상과 세속적 삶이 겹쳐지는 순간에 그는 자연의 전언을 듣고 자연의 이치를 발견한다. 이러한 자연관은 근대 이전의 인류가 지녔던 숭엄과 경외의 대상으로서의 자연관도 아니고, 근대인들이 지녔던 개척과 노동의 대상으로서의 자연관도 아니다. 오히려 그는 이 둘을 감싸면서 넘어서고 있다. 자연을 사람의 이웃으로 보는 관점, 즉 자연은 사람 곁에 존재한다는 사실 그 자체로 빛나는 것이라는 자연관이다.
  이러한 자연과의 교감(호흡)은 구체적인 사랑의 행위로 표

출되기도 한다. 이는 관찰(관조/이웃)에서 참여(행위/연인)로의 확장이라 할 수 있으며 자연을 보다 가까이 호흡하고 느끼려는 의지의 발로이다.

> 나를 몸살나게 하는
> 저 달의 마음을 사
> 샤롯데 모텔에서 자고 싶다,
> 별들에게 몰매 맞을지라도
> (「샤롯데 모텔에서 달과 자고 싶다」, 부분.)

시인은 자신을 '몸살나게 하는' 달과 사랑을 나누고 싶어한다. 그는 '별들에게 몰매 맞을지라도' 달을 침대에 눕히고 달의 비밀을 파헤치려 한다. 자연과 교합하려는 보편적 욕망은 사랑의 행위를 매개로 구체적인 생동감을 획득한다. 이러한 자연과의 연애는 자연과의 직접적인 대화로 변주되기도 한다.

> 발신인 없는 편지를 받고
> 설레는 가슴으로 들판에 나갔더니
> 고개를 막 내민 달래, 냉이, 씀바귀가
> 꽃샘바람 부는 이유를 아느냐고 내게 묻네
> 꽃이 피는 걸 시샘하는 거라고 대답했더니
> 새 가지 돋아나라 묵은 가지 떨구어
> 더불어 까치가 집 짓는 걸 도와주려는 거라네
> 쑥스러워 그만 돌아서는데
> 겨우내 강물이 어는 이유를 아느냐고 다시 묻네
> 시치밀 뚝 떼고, 그걸 내가 어떻게 아느냐고

> 그렇다면 너희들은 아느냐고 되물었더니
> 강물이 한꺼번에 흘러가지 못하도록
> 잠시 발목을 묶어두려는 거라네
> (「봄, 들판에서」 전문.)

 시인은 '달래', '냉이', '씀바귀' 등과의 대화를 통해 봄이 오는 계절의 변화 속에도 서로를 감싸주고 보듬어 주는 자연의 따스한 숨결이 내재되어 있음을 깨닫게 된다. 이러한 자연과의 연애/대화의 경쾌함은 생명 탄생의 순간과 만나 경이로운 장면을 연출하기도 한다.

> 세존도 너머
> 진흙소 낳으려
> 아랫도리에 힘을 주는
> 바다
>
> 몸을 둥글게 오므려
> 쇠뿔과 꼬리,
> 다리를 숨기는
> 진흙소
>
> 산고의 바다
> 밤잠을 설치며
> 진흙소를 기다리는
> 관음전 동백꽃들

물방울 하나
묻히지 않고
자궁을 벗어나는
진흙소

날개 없는 진흙소
벌떡 일어나
허공에 몸을 띄우니
합장하는 보리암

진흙소 낳느라
진이 빠진 바다
기운을 북돋아 주는
관음보살
(「향일암 해돋이」 전문.)

　인용 시는 해돋이를 생명의 탄생에 비유함으로써 자연이 지닌 생명력을 극대화한 작품이다. 시인은 해돋이를 보면서 '깨달음의 순간'(진흙소의 탄생)을 형상화하고 있다. 이 순간의 전율 속에는 산고의 고통이 내재되어 있다. 시인은 깨달음 자체에 의미를 부여하기보다는 깨달음의 과정(주변), 즉 그 순간을 감싸고 있는 '아우라'에 주목한다.
　바다에서 해가 뜨는 모습을 형상화한 위의 시는 '몸을 둥글게 오므려/쇠뿔과 꼬리,/다리를 숨기는 진흙소'라는 이미지의 교직을 통해 '진흙소'와 둥근해의 모습을 포갬으로써 생명 탄생의 순간과 깨달음에 이르는 과정이 동궤에 놓인다는 점을 암시한다.

불교에서 깨달음에 이르는 지난한 과정을 상징하는 진흙소는 위의 시에서 세속과 신성의 이미지를 동시에 지닌다. 진흙소는 자연의 품에서 태어나지만, '물방을 하나/묻히지 않고/자궁을 벗어'난다는 점에서 바다의 품을 벗어나는 존재이다. 이러한 생명의 탄생은 음과 양, 물과 불, 바다와 태양이 모순된 속성을 지니지만, 사실은 하나라는 전언을 담고 있다.

생명의 탄생은 깨달음을 향한 새로운 삶의 여정을 예비한다. 이는 생명 탄생의 장엄함을 '기다리는' '관음전 동백꽃', '합장하는' '보리암', '진이 빠진 바다/기운을 북돋아 주는' '관음보살' 등의 모습에서 드러난다. 깨달음을 연상시키는 '관음전', '보리암', '관음보살' 등은 생명 탄생의 순간에 직접적으로 개입하기보다는 일정한 거리를 유지하며 격려하는 태도를 보여주고 있다. 이는 탄생과 깨달음 사이의 지난한 틈(여백)에 대한 은유이다.

> 꿈자리가
> 사나운지
>
> 나뭇잎
> 침대에서
>
> 우주가
> 바스락거린다
> (「벌레 부분.)

시인은 자연을 친구이자 연인이며 어머니로 인식한다. 이러한 인식은 시인을 자연과의 교합을 통한 새로운 생명 탄생의 순간으로 이끈다. 이제 김재석의 시적 관심은 탄생과 깨달음 사이에 무한히 열려있는 가능성의 공간으로 이동한다. '나뭇잎/침대에서//우주가/바스락거린다'는, '벌레'와 '우주'를 찰나적으로 합일하는 상상력의 비약은 이들 사이의 여백에 대한 탐색을 예비한다.

김재석의 「샤롯데 모텔에서 달과 자고 싶다」는 자연에 대한 세심한 관찰을 바탕으로 자연이 주는 전언에 귀를 기울이고, 이러한 자연의 메시지와 소통 교합함으로써 생명 탄생의 엄숙한 순간과 조우한다. 여기에는 자연과의 교감을 통해 생성의 삶을 살고 싶다는 시인의 내밀한 욕망이 가로 놓여 있다. 시인은 자연의 물결에 스스로의 삶을 투영하기도 하며, 자연의 메시지를 내면화하여 자신의 삶을 성찰하기도 한다. 이는 자연의 세계와 인간의 세계를 대화적으로 연결하려는 의지의 표출이며, 여기에는 주체의 자기 긍정을 향한 치열한 고투의 과정이 녹아 있다.

3.

자연과의 교감은 생명 탄생의 엄숙한 순간과의 만남을 가능하게 했지만, 새로운 생명과 깨달음 사이의 긴 여정, 이를테면 '벌레'와 '우주' 사이에 놓인 상상력의 여백(비약)을 낳았다. 김재석의 시가 구도의 과정을 노래하는 이유도 여기에 있다. 자연에 대한 성찰과 탐색의 궁극적인 지향점은 시인의 내면일 수밖에 없다. 시인은 유한성과 허무주의의 한 가운데에 있는 자신의 모습을 자연에 투영함으로써 자기 지양에서 비롯되는 자기 긍정의 모습에 이르기를 갈구한다. 이러한 구도의 과정을 보여주는 김재석의 시는 깨우침 자체에 의미를 부여하기보다는 그것에 이르기까지의 과정에 주목한다. 과정에 주목하기에 그의 시는 세속과 신성 사이에서 진자운동을 한다. 그의 시가 세속적 욕망의 나락으로 추락하지도, 그렇다고 초월적 신비의 세계로 비약하지도 않는 이유가 여기에 있다.

김재석은 세속적 일상 속에서 초월적 삶의 진리를 포착하려는 수도승이다. 자연과 교감하던 주술사는 어느덧 깨달음을 향해 정진하는 수도승의 모습으로 몸을 바꾼다. 일견, 그의 시가 긴장감과 밀도가 떨어지는 평이한 작품으로 보이는 것도 깨달음에 이르기까지의 과정에 집착하는 수도승의 겸허한 자세 때문이다. 김재석 시의 평범함은 세련된 기교나 절제된 언어 사용법과 일정한 거리를 유지하면서, 거칠고 투박한 맛을 낸다. 이러한 진솔함은 '모두다 길을 비켜라' '비키지 않으면 다친다'고 외치며 '눈부신 세상을 향하여 전신으로 걷는' '갈색 꿈', 즉 속도(직선)의 선형성을 구부리는 '눈물겹도록 곧은 곡선'(「곧은 곡선 하나가-자벌레」)의 진정성에서 발원한다. 이 눈물겹도록 곧은 곡선은 느리지만 빠른 속도로 세속과 신성을 가로지른다.

> 바람에 제 몸을
> 가누기도 어려운
> 어린 시절,
> 출가하였다

애기나무 때부터
큰나무들
법문에
귀 기울였다

몇 년 안 가서
대웅보전
본존불에게
화두 받았다

적막을
두려워하지 않는 것은
비로자나불
부처님께 배웠다

화두를
깨우치느라
힘이 빠져서인지,
작은 열매를 달고 있다
(「보림사 산감나무」 전문.)

  출가하여 화두를 받고, 적막을 두려워하지 않는 정진으로 힘겹게 얻은 '작은 열매'는 고통을 견디며 구도에 몰두하는 수도승의 작은 결실에 대한 은유이다. 이러한 수도승의 정진이 자연과의 교감을 통해 우주를 품는 비약의 여백을 촘촘히 채운다.

> 삼짇날
> 성천에 물 마시러 온 여인들 단내에
> 흔들리는 마음 바로 잡으러
> 이정표만 믿고 문산재 찾아갑니다
> (중략)
> 아무리 귀 기울여도
> 물이 속삭이는 소리 들을 수 없는 것은
> 아직 갈 길이 많이 남았다는 뜻입니다.
> 주저않고 싶어도
> (「文山齋 가는 길」 부분.)

　위의 시는 시인의 시 쓰기가 구도의 과정, 즉 길 찾기의 연장이라는 사실을 보여준다. 이러한 길찾기의 과정은 인간사에 참여하는 자연, 자연 속에 함께 하는 인간의 삶이 수놓은 한 편의 풍경화로 귀결된다.

> 대낮,
> 望山의 가슴 아래께가
> 움찔하더니
>
> 김氏네
> 訃音
>
> 망연자실한
> 낮달

임종을 못해
울먹이는
바다

모든 길들이
문상 온
喪家

일찍 달아오른
윷판

기웃거리는
햇살
(「仙亭」 전문.)

  깨달음을 향해 정진하던 수도승이 잠깐 동안의 휴식을 취하며 내려다 본 풍경을 연상시키는 위의 시는 자연과 인간의 소통이 빚어내는 비장미 넘치는 아름다운 순간을 포착하고 있다. 김재석 시인이 다다른 정신적 경지의 한 장면이리라. 이번 시집이 탄생의 장면에 주목했다는 점을 상기한다면, 위의 시는 김재석 시의 새로운 방향을 시사하고 있는 징후로 해석할 수 있다. 죽음은 새로운 탄생을 예비한다. 생명과 함께 한 자연과의 교감이 어느덧 죽음과의 대면으로 몸을 바꾸었다는 사실은 김재석 시의 이후를 기대해보게 한다.

물과별 시선 20

샤롯데모텔에서 달과 자고 싶다

1판 1쇄 인쇄일 | 2025년 6월 5일
1판 1쇄 발행일 | 2025년 6월 10일

지은이   김재석
펴낸이   신정희
펴낸곳   사의재
출판등록   2015년 11월 9일 제2015-000011호
주소   목포시 보리마당로 22번길 6
전화   010-2108-6562
이메일   dambak7@hanmail.net
ⓒ 김재석, 2025

ISBN 979-11-6716-108-6 03810

지은이와 출판사의 동의 없이 이 책의 내용 중 전체 또는 일부를 인용하거나 발췌하는 것을 금합니다.

값 12,000원